추천·감수 **김완기**
한국아동문학회 중앙위원장, 한국아동문학연구회 수석부회장, 국제펜·한국문인협회·
한국저작권협회 회원. 서울서래초등학교 교장 역임. 서울신문 신춘문예에 동시가 당선되었고,
한국아동문학작가상, 한정동아동문학상, 대한민국동요대상 등을 수상했습니다.
동화집 《내 배꼽이 더 크단 말이야》, 동시집 《엄마, 이게 행복인가 봐》,
이야기책 《마음을 따뜻하게 해 주는 101가지 작은 이야기》 등 다수의 어린이 책을 썼습니다.

추천·감수 **이창수**
한국문인협회 아동문학분과 회장, 한국아동문학회 부회장, 국제펜 회원이며,
어린이 전문 출판사의 편집장을 역임했습니다. 한국아동문예작품상, 한국아동문예상,
한국아동문학작가상, 김영일아동문학상 등을 수상했습니다. 《정수가 위험해》, 《우주 여행》,
《공포의 진주 동굴》, 《따뜻한 남쪽 나라》 등 다수의 어린이 책을 썼습니다.

추천·감수 **김병규**
한국일보 신춘문예에 동화 부문과 중앙일보 신춘문예에 희곡 부문에 각각 당선된 뒤 활발한
창작 활동을 하고 있습니다. 《희망을 파는 자동판매기》, 《나무는 왜 겨울에 옷을 벗는가》,
《요리사의 입맛》, 《그림 속의 파란 단추》, 《아침에 부르는 자장가》 등의 작품을 발표하였으며,
대한민국문학상, 소천아동문학상, 해강아동문학상 등을 수상하였습니다.
현재 소년한국일보 편집국장으로 일하고 있습니다.

글 **제갈영숙**
한국외국어대학교에서 공부한 후, 오랫동안 출판사에서 어린이를 위한 책을 만들었습니다.
쓰고 감수한 책으로 《불휘기픈 영어》, 《웅진 싱크빅 키즈 스토리》 등이 있습니다.

그림 **장은정**
성신여자대학교 동양화과를 졸업하고, 2002 한국출판미술대전 그림동화 부문에서 은상을
수상했습니다. 그린 책으로는 《선녀와 나무꾼》, 《세 가지 일을 예견한 선덕여왕》,
《엄마 찾아 삼만리》, 《소지왕》, 《타임캡슐 우리역사》, 《조선왕조실록》 등이 있습니다.

《헤밍웨이 테마 위인》은 탁월한 작품성을 인정받아, 어린이 문화 발전을 위해 아동 문학가, 동요 작곡가, 일선 학교 선생님 등 700여 분이 모인 단체인 사단 법인 **어린이문화진흥회의 좋은 책 선정 위원회**가 뽑은 **최우수 도서상**을 수상하였습니다.

한국헤밍웨이의 도서를 구입하신 곳에서 **한국헤밍웨이 무료교육센터**의 회원증을 발급해 드립니다. 회원증을 갖고 교육센터에 오시면 등록 후 무료 교육을 받으실 수 있습니다. 센터는 현재 분당연구개발원 1층에 있으며, 앞으로 전국 주요 도시에 더 많은 무료교육센터가 세워질 예정입니다. 자세한 내용은 한국헤밍웨이 홈페이지를 참고해 주십시오.

헤밍웨이 테마 위인 86
아웅산 수지

펴 낸 이	전병용
펴 낸 곳	(주)한국헤밍웨이
주 소	서울특별시 송파구 석촌동 7-3번지
대표전화	(02)470-7722 · 475-2772
팩 스	(02)470-8338 · 475-2552
연구개발원·회원무료교육센터	
주 소	경기도 성남시 분당구 금곡동 444-148
대표전화	(031)715-7722 · 715-8228
팩 스	(031)786-1100 · 786-1001
고객문의	080-715-7722
출판등록	제17-354호
기 획	김현정, 이은선, 정강호
편 집	박종휘, 조애경, 임미옥, 이영혜, 황혜전, 왕혜선, 조선학
디 자 인	전경숙, 한유영, 조수진, 김지혜, 안성하, 이정하, 김진아, 정년화

이 책의 저작권은 (주)한국헤밍웨이가 소유하고 있으므로
본사의 동의나 허락 없이는 내용이나 그림을 어떠한 방법으로도 사용할 수 없습니다.

ⓒKorea Hemingway
전90권 전질 정가 900,000원
www.hemingway-book.co.kr

⚠ 주의 · 다칠 우려가 있습니다. 본 교재를 던지거나 떨어뜨리지 않도록 주의하십시오.
· 고온 다습한 장소나 직사광선이 닿는 장소에는 보관을 피해 주십시오.

헤밍웨이 테마 위인 86

미얀마 민주화의 꽃

아웅산 수지

글 | 제갈영숙   그림 | 장은정

한국헤밍웨이

"당신을 꼭 닮은 딸이구려. 정말 애썼소."
"예쁘고 착한 미얀마의 딸로 키우겠어요."
1945년 6월 19일, 아웅산 수지가 세상에 태어났어요.
두 오빠와 엄마, 아빠가 예쁜 새 식구를 바라보았어요.
아버지는 미얀마의 독립을 위해 싸우고 계셨어요.
바로 모든 국민이 존경하는 아웅산 장군*이지요.
집안은 화목하고 사랑으로 넘쳤어요.
하지만 나라의 사정은 그렇지 않았지요.
"여보, 영국과 협상*이 잘 되었으면 좋겠어요."
"우리가 독립을 얻어 낼 수 있으면 얼마나 좋겠소?"
"우리 모두 부처님께 빌기로 해요."
아버지는 영국과 힘든 협상을 하고 있었어요.

*아웅산 장군 : 미얀마 독립의 아버지라고 불리우는 분이에요.
*협상 : 어떤 목적에 알맞는 결정을 하기 위해 여럿이 의논하는 거예요.

▶ 아웅산 수지의 아버지 아웅산 장군.

'그이에게 무슨 일은 없겠지.'
도 킨지 여사는 오늘따라 마음이 불안했어요.
어머니는 아버지를 기다리고 계셨지요.
그때 누군가 급히 문을 두드렸어요.
"저, 사모님……."
"무슨 일인가요?"
"장군님이, 장군님이 살해*되었습……."
말이 채 끝나기도 전에 도 킨지 여사가 쓰러졌어요.
어린 수지가 깜짝 놀라 울음을 터뜨렸어요.
오빠들도 엄마를 부둥켜안으며 울었고요.
아버지를 시기*하던 사람들이 총으로 쏘았던 거였어요.
두 살인 수지는 아버지를 잃고, 미얀마는 희망을 잃었어요.

* 살해 : 사람을 해쳐 죽이는 거예요.
* 시기 : 남이 잘되는 것을 샘내어 미워하는 거예요.

아웅산 장군은 조국의 독립을 위해 평생을 바쳤어요.
미얀마 국민에게 그는 용기와 희망이었습니다.
협상을 하던 영국군 장교조차 그를 존경했어요.
"아웅산 장군께서는 빈말*은 조금도 하지 않으셨어요.
그리고 약속한 일은 반드시 지키는 분이셨지요."
장군은 군대를 창설*하고 조국이 독립될 것에 대비했어요.
그는 주저하지 않고 국민들에게 진실*을 말했습니다.
"힘들더라도 참고 우리의 나쁜 점을 고쳐야 합니다."
독립을 눈앞에 두고 있던 때라 더 안타까웠어요.
그때 장군의 나이는 겨우 32세였어요.
그는 지금 아웅산 묘소*에 잠들어 있습니다.

*빈말 : 실속 없는 헛된 말이에요.
*창설 : 어떤 기관이나 단체를 처음으로 만드는 일이에요.
*진실 : 거짓 없어 참되고 바른 것을 말해요.
*아웅산 묘소 : 아웅산 장군을 기념하여 만든 산소예요.
미얀마의 수도 양곤에 있지요.

모두가 정성으로 수지네 가족을 도왔어요.
아버지가 안 계셨지만 집안은 사랑의 마음으로 가득했습니다.
어머니는 두 아들과 딸에게 말씀하셨어요.
"조국*을 위해서 일해야 한다."
"아버지의 정신을 잊어서는 안 된다."
수지는 예의 바르고 남을 배려하는 아이로 자랐어요.
수지가 열다섯 살 때 어머니는 인도 대사*가 되었습니다.
그래서 수지네 가족은 인도로 가서 살게 되었지요.
어머니는 수지에게 승마와 꽃꽂이, 피아노를 가르쳤어요.
수지는 무엇이나 열심히 배우고 잘 했습니다.
그리고 좋은 친구들도 많이 사귀었지요.
이 친구들은 지금도 수지에게 큰 힘이 되고 있답니다.

*조국 : 조상 때부터 살던 나라를 말해요.
*대사 : 나라를 대표하여 다른 나라에 가서 외교를 맡아서 일하는 사람이에요.

그때 인도는 네루 수상*이 다스리고 있었어요.
아버지도 그를 존경하여 만난 적이 있지요.
수지는 네루 수상과 마하트마 간디*에게 관심이 많았어요.
그들의 애국심과 폭력을 쓰지 않는
평화적인 저항에 깊은 감명을 받았거든요.
그리고 수지는 책을 참 좋아했어요.
아버지 친구가 어떤 선물을 받고 싶냐고 물으면
늘 읽을 책이 필요하다고 말하였어요.
수지는 인도에 오기 전부터 이웃 나라에 관심이 많았어요.
대사관에 오는 손님들도 따뜻하게 대접했고요.
여러 나라 대사와 인도의 관리들과도 친하게 지냈지요.
인도에서 학교를 마친 수지는 영국의 옥스퍼드 대학에 들어갔답니다.

* 네루 수상(1889~1964) : 인도의 정치가로, 간디의 지도 아래 독립 운동을 전개했고 1947년 인도가 독립한 후 사망할 때까지 수상을 지냈어요.
* 마하트마 간디(1869~1948) : 인도의 정치가이자 민족운동 지도자예요. 런던 대학에서 법률을 배운 후 남아프리카 원주민의 자유를 위해 활동했고, 1915년에 귀국하여 무저항 · 불복종 · 비폭력 · 비협력주의에 의한 독립 운동을 지도했어요.

"수지는 언제나 롱지*를 단정하게 입고 다녀."

단정한 옷 매무새와 상냥한 미소, 명랑한 성격으로 수지는
친구들에게 무척 인기가 많았어요.

수지는 호기심도 많고 적극적이었어요.

새로운 것은 직접 해 보고 판단을 내렸지요.

아버지에 관해서도 더 많이 알고 싶어했어요.

그래서 일본에 가서 아버지를 기억하는 사람들도 만났지요.

졸업 후 수지는 대학 친구인 마이클 애리스와 결혼했어요.

그가 영국인이어서 국민들이 오해할까 봐 마음이 아팠어요.

"만약 국민이 나를 필요로 하면 나의 본분*을 다할 수 있도록
도와주시기 바랍니다."

이것은 수지가 마이클에게 보낸 편지의 한 구절이에요.

*롱지 : 큰 천을 허리에 둘러 입는 미얀마의 전통적인 옷이에요.
*본분 : 마땅히 해야 할 일을 말해요.

◀ 아웅산 수지 부부의 모습.

1988년 수지는 혼자 미얀마로 돌아오게 되었어요.
어머니가 쓰러졌다는 소식을 들었거든요.
그 때 미얀마는 군인들이 나라를 다스리고 있었어요.
그들은 국민들을 존중하지 않고 함부로 대했어요.
"나라에서 학생들을 때리고 어디론가 끌고 갔대요."
"우리 아들도 행방불명*이 되었어요."
국민들은 화가 났고, 온 나라에서 시위가 일어났습니다.
"정치를 개혁*하라!"
어쩔 수 없이 정부는 국민투표*로 국민의 생각을 물었어요.
하지만 그런 뒤에도 정부는 국민이 원하는 것을 하지 않았어요.
다시 나라 전체가 혼란에 빠졌습니다.
군인들은 다시 국민들을 탄압하기 시작했어요.

* 행방불명 : 간 곳이나 방향을 모르는 것을 말해요.
* 개혁 : 제도나 기구 등을 새롭게 뜯어고치는 거예요.
* 국민투표 : 선거 이외에, 나라 정치의 중요한 사항에 대해 국민이 투표하는 거예요.

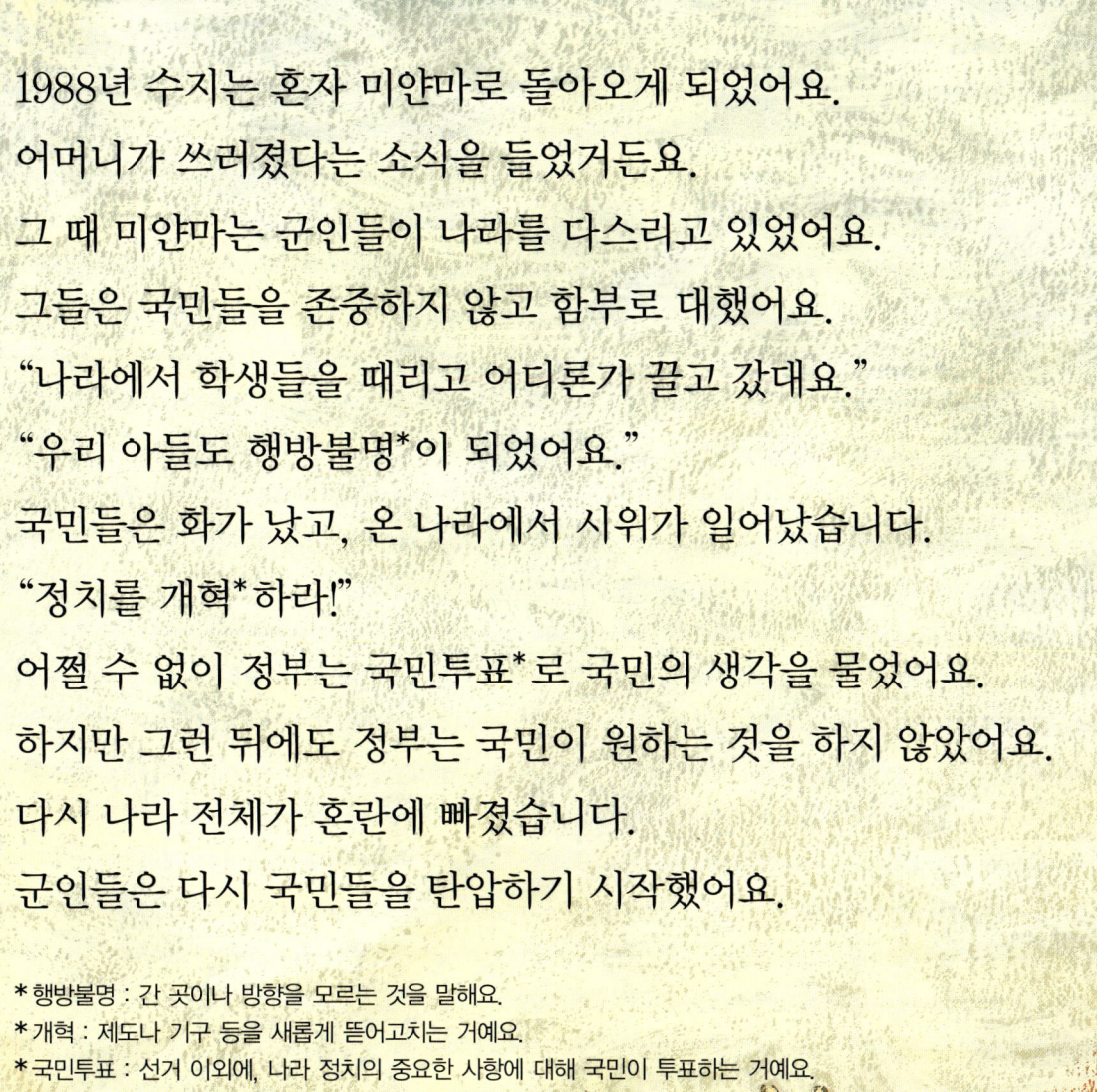

이를 지켜보던 수지는 정부 앞으로 편지를 썼어요.
"정당*을 두 개 이상 만들고 민주주의를 해야 합니다."
이런 내용이 신문에 나자 대통령이 물러났어요.
하지만 다시 뽑은 대통령은 나랏일을 잘 할 줄 모르는 할아버지였어요.
"그래도 국민들이 참아야지요." 하고 늙은 대통령은 웅얼웅얼 말했어요.
다시 시위가 일어났고, 군인들은 총을 쏘아 댔습니다.
수지는 다시 편지를 썼어요.
대통령에게도 쓰고 다른 정치가들에게도 썼어요.
그러나 아무도 바른 말을 하지 않았어요.
수지는 슈웨다곤 파고다 앞에서 연설을 했습니다.
"우리는 민주 정부를 원합니다.
평화적인 방법으로 이루어 냅시다."
사람들은 아웅산 수지에게 희망을 걸었어요.

*정당 : 정치적인 주장이 같은 사람들이 정권을 잡아
 정치적 이상을 실현하기 위해 만든 단체를 말해요.

그 사이에 또 쿠데타*가 일어났어요.
이번에 정권을 잡은 사람은 국민에게 약속을 했어요.
"곧 국민의 뜻을 묻는 총선거*를 실시하겠습니다."
수지는 뜻을 함께 하는 사람들과 힘을 모아
정당을 만들고 선거 운동을 시작했어요.
"당 이름을 국민 민주 연맹이라고 합시다."
그러자 정부의 방해와 위협이 끝이 없었어요.
"왜 우리만 당하지요? 우리도 폭력으로 대응합시다!"
하지만 수지는 평화적인 방법으로 해결하려고 했어요.
정갈*하게 롱지를 입고 생활이 어려운 사람들을 만났지요.
외딴 곳에 사는 사람들도 열심히 찾아다녔어요.

*쿠데타 : 무력으로 정권을 빼앗는 일이에요.
*총선거 : 국회의원을 한꺼번에 선출하는 선거를 말해요.
*정갈 : 깔끔하고 단정한 모습을 말해요.

1990년 5월 27일, 미얀마는 총선거를 치렀어요.
미얀마 정부는 오래 전부터 수지를 집에 가둬 놓았어요.
그러나 선거 결과는 놀라웠어요.
국민 민주 연맹의 후보자*가 82퍼센트나 당선되었거든요.
수지도 믿기 어려운 일이었어요.
국민들은 희망에 부풀었습니다.
"우리가 이겼어. 이제 우리는 민주 정부를 갖게 될 거야."
그러나 이 기쁨도 잠깐이었어요.
정부가 선거 결과를 받아들이지 않았거든요.
그리고 수지에게는 더욱더 가혹*하게 했어요.
영국에 있는 남편과 아들에게 편지도 못 보내게 했지요.
미얀마 국민들과 수지는 또 절망*에 빠졌어요.

*후보자 : 어떤 직위나 신분을 얻으려고 일정한 자격을 갖추어 선거에 나선 사람을 말해요.
*가혹 : 몹시 모질고 혹독한 것을 말해요.
*절망 : 바라볼 것이 없게 되어 아무런 희망이 없는 것을 말해요.

◀ 이탈리아의 캄피탈리오 광장에 걸린 아웅산 수지의 사진.

1991년 10월이었어요.
수지의 남편 마이클 애리스는
노르웨이에서 걸려 온 전화 한 통을 받았어요.
"1991년 노벨 평화상*을 수지가 받게 되었다고요?"
미얀마의 민주화를 위해 노력한
수지의 공로를 인정한 것이었어요.
하지만 수지는 상을 받으러 갈 수가 없었어요.
수지가 미얀마를 떠난다면 미얀마 정부는 그녀를
다시 미얀마로 돌아오지 못하게 할 것이니까요.
결국 수지는 노르웨이로 가서 상을 받아 오는 걸
포기했어요. 미얀마의 국민들이 여전히 자유와
권리를 빼앗긴 채 힘겨운 생활을 하고 있는데,
그것을 외면*할 수는 없는 일이거든요.
"아빠, 엄마 대신 우리가 상을 받으러 가야 하나요?"
수지의 남편과 두 아들이 수지의 사진을 들고 가서
노벨 평화상을 받았어요.
마이클은 미얀마가 하루빨리 평화로운 나라가 되어
식구들이 모여 살 수 있기를 간절히 빌었답니다.

* 노벨 평화상 : 어떠한 일을 하여 세계의 발전에 크게 이바지한 사람에게 주는 상을
노벨상이라고 해요. 노벨 평화상은 노벨상 가운데서도
가장 명예로운 상이고, 세계 평화에 공이 큰 사람이나 단체에 주는 상이에요.
* 외면 : 모른 척 피하고 돌아서 버리는 것을 말해요.

어느 날 마이클은 자신이 암에 걸렸다는 것을 알았어요.
앞으로 살 날도 얼마 남지 않았다고 의사는 말했어요.
"마지막으로 아내를 보고 싶소. 미얀마에 가게 해 주시오."
마이클은 간절히 수지를 만나고 싶어했어요.
하지만 미얀마 정부는 비자*를 내주지 않았어요.
마이클이 들어오는 것보다 수지가 나가기를 원했거든요.
1999년 3월 27일, 남편 마이클이 하늘나라로 갔습니다.
마이클은 늘 수지의 든든한 후원자*였어요.
하지만 1988년 수지가 미얀마에 머물게 된 후,
11년 동안 겨우 다섯 번 만났지요.
수지는 이 소식을 듣고 흐느끼며 말했어요.
"이해심 많은 남편을 만난 것은 행운이었어요.
죽음도 우리를 떼어 놓을 수 없습니다."

*비자 : 외국인에 대한 출입을 허락하는 증명서예요.
*후원자 : 뒤에서 든든하게 도와주는 사람을 말해요.

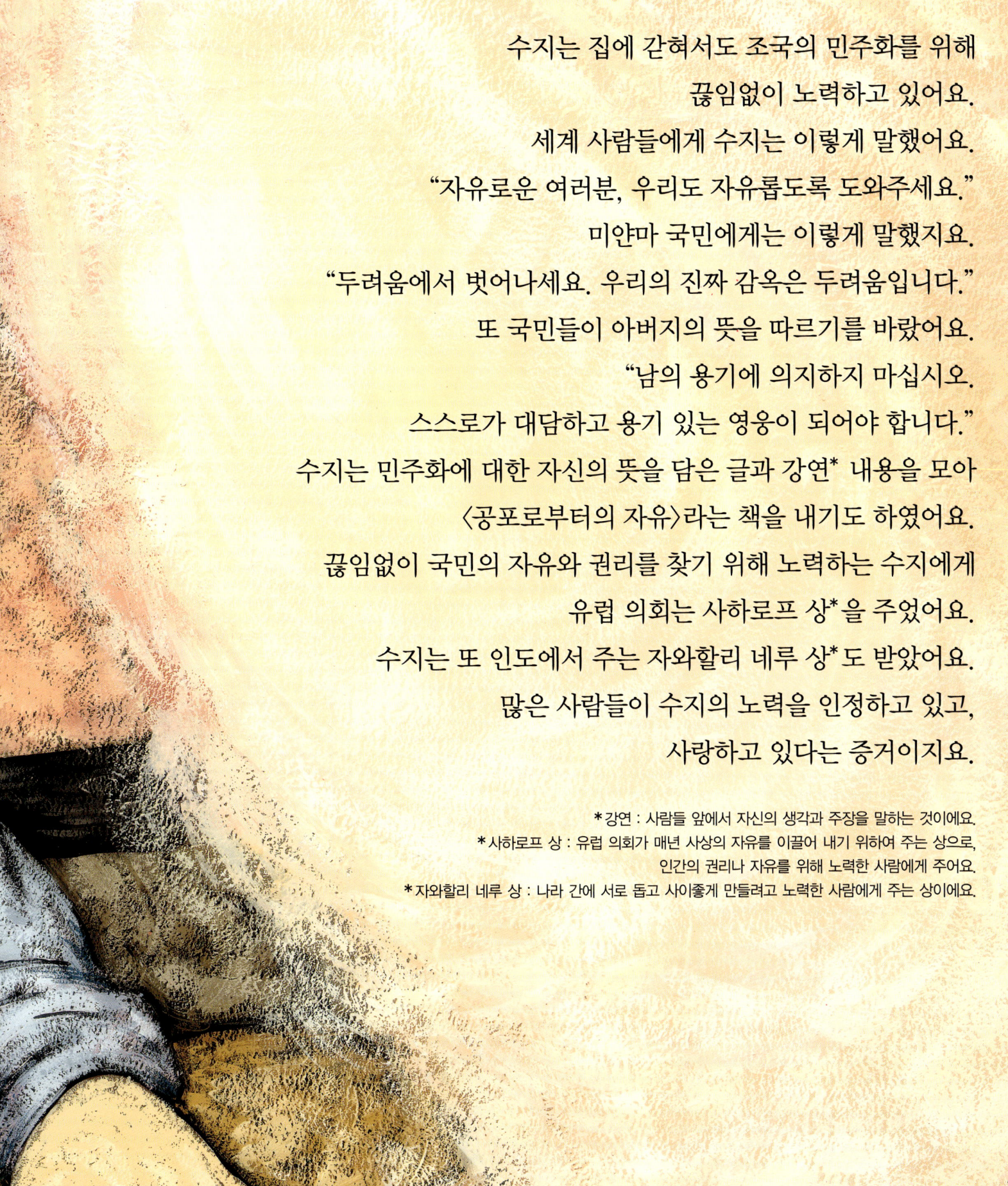

수지는 집에 갇혀서도 조국의 민주화를 위해
끊임없이 노력하고 있어요.
세계 사람들에게 수지는 이렇게 말했어요.
"자유로운 여러분, 우리도 자유롭도록 도와주세요."
미얀마 국민에게는 이렇게 말했지요.
"두려움에서 벗어나세요. 우리의 진짜 감옥은 두려움입니다."
또 국민들이 아버지의 뜻을 따르기를 바랐어요.
"남의 용기에 의지하지 마십시오.
스스로가 대담하고 용기 있는 영웅이 되어야 합니다."
수지는 민주화에 대한 자신의 뜻을 담은 글과 강연* 내용을 모아
〈공포로부터의 자유〉라는 책을 내기도 하였어요.
끊임없이 국민의 자유와 권리를 찾기 위해 노력하는 수지에게
유럽 의회는 사하로프 상*을 주었어요.
수지는 또 인도에서 주는 자와할리 네루 상*도 받았어요.
많은 사람들이 수지의 노력을 인정하고 있고,
사랑하고 있다는 증거이지요.

* 강연 : 사람들 앞에서 자신의 생각과 주장을 말하는 것이에요.
* 사하로프 상 : 유럽 의회가 매년 사상의 자유를 이끌어 내기 위하여 주는 상으로,
　　　　　　　인간의 권리나 자유를 위해 노력한 사람에게 주어요.
* 자와할리 네루 상 : 나라 간에 서로 돕고 사이좋게 만들려고 노력한 사람에게 주는 상이에요.

미얀마 정부는 수지가 조국에 남아 있는 것을 못마땅하게 여기고 있어요.
그래서 어느 때는 그녀를 어르고* 어느 때는 협박*하지요.
그러나 수지는 어떠한 어려움에도 무릎을 꿇지 않아요.
그녀는 미얀마의 영웅인 아웅산 장군의 딸이거든요.
수지는 이제 미얀마 사람들에게 희망의 상징이 되었어요.
그리고 세계 사람들에게는 인권*과 평화의 상징이 되었지요.
수지는 지금도 폭력을 쓰지 않는 평화적인 방법으로 저항* 운동을 하고 있어요.
그녀의 노력은 미얀마에 민주주의가 뿌리내릴 때까지 계속될 거예요.

*어르다 : 어떤 일을 하도록 사람을 달래는 것을 말해요.
*협박 : 남에게 어떤 일을 하도록 위협하는 것을 말해요.
*인권 : 인간으로서 당연히 가져야 하는 기본적 권리예요.
*저항 : 어떠한 힘에 굽히지 않고 버티는 것을 말해요.

아웅산 수지의 발자취
(1945년~   )

▲ 미얀마 대사관 앞에서 재일 미얀마인들이 아웅산 수지의 플래카드를 들고 있는 모습.

▼ 아웅산 수지와 남편 마이클 애리스.

▲ 가택 연금 상태의 아웅산 수지.

▼ 아웅산 수지가 나온 옥스퍼드 대학.

▼ 아웅산 수지의 연설을 듣는 스님들.

▲ 아웅산 수지 여사의 노벨상 시상식장에 참석한 남편과 두 아들.

교과서에 나오는 인물 시대사

▲ 미얀마의 반체제주의자 아웅산 수지 여사.

▲ 아웅산 수지가 아버지 서거일을 맞아 참배하고 있는 모습.

▶ 집에서 책을 읽고 있는 아웅산 수지.

아웅산 수지의 생애	한국사 주요 사건	세계사 주요 사건
1945년 독립운동가 아웅산 장군의 딸로 출생.	8·15 광복.	포츠담 선언, 일본 항복, UN 성립, 핵실험 금지 협정 (1963).
1964년 영국 옥스퍼드대 정치학과 입학.	미터법 실시.	
1988년 귀국 후 민주화 운동에 투신, 국민 민주 연맹(NLD) 결성.	한글 맞춤법 고시, 노태우 정부 성립, 제24회 서울 올림픽 개최.	이란·이라크 종전.
1989년 1차 가택 연금.	동구권 국가와 수교.	베를린 장벽 붕괴, 루마니아 공산 독재 정권 붕괴.
1990년 연금 상태에서 총선 압승.	소련과 국교 수립.	독일 통일.
1991년 노벨 평화상 수상.		
1995년 연금 해제.	한국, UN 안보리, 비상임 이사국 피선.	세계 무역 기구 출범.
2000년 2차 가택 연금.	6·15 남북 공동 선언.	미국 뉴욕 세계 무역 센터 피폭 (2001).
2002년 연금 해제.	월드컵 한·일 공동 개최.	
2003년 3차 가택 연금.	노무현 정부 출범, 대구 유니버시아드 대회 개최.	미국·이라크 전쟁.
2005년 11월 27일 4차 가택 연금 (기간 6개월 연장).		

아웅산 수지
미래를 개척한 사람들

나라 이름이 버마에서 미얀마로 바뀐 이유

1988년 미얀마에서는 민주화의 목소리가 높아지면서 시위가 자주 일어났어요. 그 결과 사회주의 정권이 무너졌어요. 그 뒤 시위를 진압하던 군인들에 의해서 강력한 군사 정권이 탄생했습니다. 새 정부는 이듬해, 영어식 나라 이름을 '버마(Burma)'에서 '미얀마(Myanmar)'로 변경했어요. 미얀마라는 나라 이름은 갑작스러운 것이 아니에요. 비르마(비르마어의 발음으로는 '버마'임)도 미얀마도 이미 쓰이고 있었어요. '미얀마'는 글에서만 쓰는 호칭이었고 '비르마'는 일상 대화에서 쓰는 호칭이었지요.
새 정부는 버마가 비르마 족만을 가리키는 말이라며 민족 전체를 가리키려면 미얀마 쪽이 어울린다고 이유를 설명했답니다.

미얀마와 불교

미얀마는 불교 국가라는 말에 어울리게 불교 유적지가 많아요. 또 전체 인구의 89.4퍼센트가 불교 신자이지요. 아이가 태어나면 부모들은 아이의 이름을 짓기 위해 승려와 상의합니다. 또 시골 어린이들은 정식 정부 학교에 입학하기 전에 승려가 운영하는 학교에서 수업을 받지요.
미얀마의 불교는 왕에 의해 장려되었답니다. 미얀마 왕조 때 왕은 왕실 주변만 통치했어요. 따라서 왕이 국가를 넓히려면 나라 전체에 영향을 미치고 있던 불교의 도움을 받아야 했지요. 불경을 기록했던 '빨리어'가 뒤에 미얀마어가 되었고, 불교의 법전인 '담마'가 법처럼 쓰였어요. 그리고 사원은 승려들이 교육을 담당하는 공공 교육 장소이기도 했어요. 그러니 미얀마는 불교와 밀접한 관련을 맺고 있지요. 미얀마 어디를 가나 파고다(탑)를 볼 수 있고, 마을마다 '짜웅'이 라는 사원이 하나 이상 있어요. 또 새벽마다 '폰지(승려)'들에게 시주하는 불교 신자들을 쉽게 볼 수 있답니다.

미얀마의 문화

미얀마는 고대에 인도·중국 문화권과 접촉이 있었어요. 그러나 중국 문화의 영향보다는 인도의 영향을 더 크게 받았답니다. 그래서인지 미얀마의 문화도 불교 문화가 중심이지요. 여기에 영국 식민지 시대를 거치면서 영국과 프랑스식 예술도 발달했어요. 전국 방방곡곡에 있는 사원과 파고다는 세계적으로 유명하지요. 그리고 미얀마 남자는 누구나 사원에 들어가 수도승 생활을 하며 공부를 합니다. 그리고 일생에 한 번 이렇게 하는 것을 명예로 여기지요.

오늘날의 정치 상황이 좋지 않아도 미얀마 사람들은 전통을 사랑하고 민족적 긍지가 높아요. 지금도 대부분의 국민이 '롱지'라 불리는 민속 의상을 즐겨 입고, 서양 문명을 거부하는 경향이 있답니다. 소수 민족들도 제각기 독자적인 종교·언어·전통 속에서 생활하고 있지요.

▎읽고 나서 논술대비 – 생각 나누기 ▏

1. 아웅산 수지가 미얀마 대중에게 처음 연설한 곳은 어디인가요?
2. 어머니 도 킨지 여사가 대사를 지낸 나라는 어디였나요? 수지는 거기서 어떤 인물들에게 관심을 가졌나요?
3. 아웅산 수지는 아버지인 아웅산 장군의 영향을 많이 받았어요. 어떤 점이 많이 닮았나요?